LES CHEMINS DE FER

EN CHINE

DERNIÈRES CONCESSIONS

PAR

A.-A. FAUVEL

ANCIEN OFFICIER DES DOUANES CHINOISES

EXTRAIT DES "Questions Diplomatiques et Coloniales"

PARIS

IMPRIMERIE F. LEVÉ

RUE CASSETTE, 17

—

1898

LES CHEMINS DE FER

EN CHINE

DERNIÈRES CONCESSIONS

PAR

A.-A. FAUVEL

ANCIEN OFFICIER DES DOUANES CHINOISES

EXTRAIT DES "Questions Diplomatiques et Coloniales"

PARIS

IMPRIMERIE F. LEVÉ

RUE CASSETTE, 17

—

1898

LES CHEMINS DE FER EN CHINE

DERNIÈRES CONCESSIONS

De tout temps, l'Empire chinois avait opposé la plus mauvaise volonté aux efforts des nations étrangères, en vue d'introduire sur son territoire des moyens de communication rapides. Le gouvernement du Fils du Ciel ne voulait à aucun prix entendre parler de laisser parcourir ses voies de navigation par les bateaux à vapeur, de peur de ruiner la batellerie indigène. Quant aux voitures à dragon de feu (*Huo-loung-tche*), comme ils appellent le train de chemin de fer, elles bouleverseraient les influences aussi protectrices que mystérieuses des principes mâle et femelle (*Ying Yang*) ou du tout puissant *Fong-Shui* (le vent et l'eau) L'amour des ingénieurs étrangers pour la ligne droite causerait la destruction des tombes semées par tout le pays et auxquelles on ne peut toucher qu'à chaque changement de dysnatie, ce qui est rare en Chine, pays conservateur par excellence, où chacune dure plusieurs siècles au moins. En juin 1876 les Anglo-Américains de Chang-haï, usant de ruse, avaient réussi à établir une petite ligne ferrée, de 12 milles de longueur, entre Chang-haï et Woo-sung, à l'entrée de la rivière de ce nom [1]. On avait obtenu la concession d'une route sur laquelle on posa la voie. Les Chinois ne voulant pas céder ainsi et ne pouvant employer la force, prirent un parti plus sage et aussi adroit que celui des étrangers. Ils achetèrent la ligne et le matériel à beaux deniers comptants, puis détruisirent la voie et emportèrent les rails et le matériel roulant à l'île de Formose, où ils furent rapidement détruits par la rouille. Le chemin de fer de Woo-sung avait vécu seize mois. On put constater cependant que le peuple, à l'encontre des mandarins, s'en était beaucoup servi, plus par curiosité, il est vrai, que par besoin. Les recettes furent supérieures aux dépenses et l'on put distribuer un certain bénéfice aux actionnaires. Pourquoi donc les mandarins le voyaient-ils d'un si mauvais œil? Il ne s'agissait pas pour eux, de ces supers-

---

[1] Il fut inauguré le 30 juin 1876 et détruit en octobre 1877.

titions populaires, dont nous avons parlé et auxquelles ils ne croient guère. Essentiellement pratiques et même très intelligents, quand il s'agit de leurs intérêts particuliers, les pères et mères du peuple, comme ils s'intitulent pompeusement, se rendent parfaitement compte que, dans l'état actuel de l'instruction chinoise, de l'industrie minière et métallurgique de l'Empire des Fleurs, il est absolument impossible de construire et d'exploiter des chemins de fer, sans avoir recours à la science des ingénieurs et aux produits des nations d'Europe ou d'Amérique.

Comme me l'ont souvent dit des mandarins, ils voulaient la Chine aux Chinois. Ils avaient donc l'intention formelle de n'introduire chez eux des bateaux à vapeur et des chemins de fer que le jour où ils pourraient faire tout cela eux-mêmes.

Une autre raison, tout aussi sérieuse, mais qu'ils n'avouent qu'entre eux, c'est que le jour où les étrangers auront le contrôle de l'administration des chemins de fer construits par eux-mêmes, il deviendra impossible de vivre sur le peuple et de voler le Trésor impérial. Les revenus des douanes dans les ports ouverts ne leur échappent-ils pas déjà grâce à l'institution, depuis 1854, du contrôle étranger, qui leur arrache encore le *Likin* ou droit d'octroi dans le bassin du Yang-tze-kiang. Les revenus des mines ne leur échapperont-ils pas également le jour prochain où elles seront exploitées par des étrangers. Comme ils sont d'ailleurs fort peu payés par le gouvernement, les mandarins seront réduits à la portion congrue, le jour où ils ne pourront plus jouir de toutes ces ressources illicites. L'Empereur de Chine lui-même n'a-t-il pas écrit dans un mémoire récent sur les chemins de fer que, « si l'on confie à des mandarins l'argent « destiné à la création des voies ferrées, les chances de succès de « celles-ci seront nulles ».

Le peuple n'a pas les mêmes raisons de craindre le progrès et il ne demande pas mieux que de laisser les étrangers construire des chemins de fer et exploiter les mines. Il sait qu'il n'a qu'à y gagner; mais, il se rend si bien compte de l'influence néfaste des fonctionnaires impériaux qu'il leur refuse toujours son concours financier.

La guerre franco-chinoise ouvrit d'abord les yeux au gouvernement, et peu après il autorisa le vice-roi du Tché-li, le fameux Li Hung-Chang, à ouvrir une ligne de chemin de fer entre Tien-tsin et le charbonnage de Kaï-ping.

L'invasion des Japonais en Chine en 1894-1895, montra aux Chinois toute l'utilité qu'on pouvait tirer des chemins de fer pour la

défense du pays. On autorisa alors la construction de trois lignes :
1° Tien-tsin à Pékin ; 2° Pékin à Han-kéou ; 3° Nan-king à Sou-tchéou
et Chang-haï.

Angleterre, Amérique, Allemagne, France et Russie se mirent sur
les rangs pour obtenir le plus de concessions possibles,et envoyèrent
des ingénieurs et des financiers étudier sur place le tracé des voies à
créer et les conditions d'emprunts à escompter pour leur construction.

Li Hung-Chang profita de son voyage autour du monde en 1896
pour se rendre compte par lui-même des conditions qu'on lui faisait
en Europe comme en Amérique. Il ne prit, comme il s'en vanta en
Allemagne, que les offres les plus avantageuses au point de vue du
bon marché,mettant ainsi en jeu,au bénéfice de la Chine, les bienfaits
de la concurrence.

Il n'existait encore à ce moment dans l'Empire du Milieu qu'une
seule ligne de chemin de fer. Elle avait été construite à l'instigation
du puissant vice-roi,dans la province même qu'il gouvernait et dans
le but, essentiellement pratique, d'amener au port et à l'arsenal mi-
litaire de Tien-tsin les produits des charbonnages de Tong-shan et
Kaï-ping, à quelques lieues au sud-est de Tien-tsin. Li Hung-Chang
étant le patron et le principal actionnaire de la compagnie de navigation à vapeur dite *Tchao-shang-tchü*, mieux connue sous le nom anglais de *China Merchants Steam Navigation Company*, on comprend
quel était le mobile de l'intérêt qu'il portait au développement des
mines et des chemins de fer du Tché-li oriental. Faute d'ingénieurs et
de métallurgistes chinois,il dut accepter le concours de l'Angleterre,
pour l'exploitation des houillères, la construction et l'organisation du
chemin de fer.

Le principal ingénieur et directeur de tout le système fut un Anglais, M. Kinder. Encouragé par le succès de la ligne de Kaï-ping,
Li Hung-Chang la fit pousser de Tien-tsin jusqu'à Ta-kou, à l'embou-
chure du Pei-ho, fermé par les glaces pendant trois à quatre mois
d'hiver. L'Empereur ayant fait connaissance avec les chemins de
fer au moyen d'un charmant petit modèle de railway, que l'on ins-
talla dans les jardins du palais de Pékin, on put obtenir peu à peu
l'autorisation de relier cette ville avec Tien-tsin, afin de faciliter le
voyage aux mandarins et aux nombreux candidats venant, chaque
trois ans, passer leurs examens littéraires dans la capitale. Il fut sti-
pulé cependant, par un reste de respect quasi-religieux pour la ville
impériale, que le dragon de feu étranger ne souillerait pas le seuil

de ses portes. On arrêta donc la ligne à Lou-ko-chiao, petit village à quelques kilomètres du mur occidental de Shun-tien-fou (nom officiel de Pékin). Cette ligne des chemins de fer du Tché-li, la seule existant en Chine en 1897, ne mesurait que 280 milles environ de longueur.

Pendant la guerre sino-japonaise, elle servit à transporter rapidement des troupes de Tien-tsin à Shan-haï-kouâne, extrémité de la grande muraille, sur le rivage occidental du golfe de Liao-toung. Depuis, elle a été poussée un peu plus loin jusqu'à Chun-ho-so, et avec le petit embranchement de 4 milles de Feng-Taï à Lou-ko-chiao, elle atteint aujourd'hui 298 milles. La Chine, se rendant enfin compte des visées de la Russie sur la Mandchourie, avait décidé de la prolonger au nord-est jusqu'à Kirin sur le Soungari, en passant par la ville sacrée de Moukden. Un embranchement aurait desservi le port ouvert de Niéou-tchouang ; la Russie s'y opposa.

Sur ces entrefaites, la Russie, l'Allemagne et la France, comprenant le danger qu'il y avait à laisser le Japon s'implanter sur le sol même du Céleste Empire, proposèrent à l'Angleterre de s'unir à elles pour imposer aux sujets du Mikado le retrait de leurs troupes des points qu'ils occupaient par droit de conquête et où ils comptaient bien s'établir définitivement, si on les laissait faire ; à savoir Port-Arthur et Weï-haï-weï. Le premier poste importait tout particulièrement à la Russie, qui désirait ardemment s'y substituer aux Japonais, pour s'y créer un arsenal maritime, dépourvu de glaces en hiver, et par suite plus avantageux que Vladivostock. Puis elle deviendrait ainsi maîtresse de la Mandchourie, et, grâce au Gibraltar chinois qu'est Port-Arthur, elle commanderait l'entrée du golfe du Pé-tchi-li et tiendrait ainsi Pékin en son pouvoir.

L'Angleterre, que ces visées contrariaient d'autant plus qu'elles étaient aussi les siennes, en tant que mainmise sur les défenses du Pei-ho et influence à Pékin, fit bande à part, préférant la « splendid isolation » tant vantée par son premier ministre.

La France s'associa naturellement d'autant mieux aux idées de son amie et nouvelle alliée, que celle-ci lui promettait son concours pour lui faire obtenir de la Chine de solides avantages et une zone d'influence dans le sud où se trouvaient plutôt ses intérêts.

On donna carte blanche à l'Allemagne pour se créer une base navale au Chan-toung, où la Russie lui cédait les droits qu'elle s'était acquis sur Kiao-tchéou, par le fameux traité secret conclu à Pékin vers la fin de 1896, et connu sous le nom de convention Cassini, du nom de son ambassadeur auprès de l'Empereur de Chine. Ce traité visant particulièrement l'établissement de chemins de fer dans les trois provinces orientales de Feng-tien, Kirin et Hei-Loung-Kiang et leur jonction avec le Transsibérien, nous en citerons ici une partie d'après le *North-China-Herald* du 8 décembre 1896, qui prétend s'en être procuré le texte à grand'peine. Il veut sans doute dire à grand prix, car en Chine plus que partout ailleurs, une clef d'argent ouvre toutes les serrures.

§ 1. La Chine consent à laisser la Russie prolonger son chemin de fer transsibérien, actuellement sur le point d'achèvement, à travers les territoires chinois : 1º du port russe de Vladivostock à la cité chinoise de Hun-Chun dans la province de Kirin et 2º d'une station de chemin de fer de quelque cité de Sibérie à la ville chinoise d'Aïgoun dans la province de Hei-Loung-Kiang, de là au sud, à la capitale de la province de Tsitsihar et de là à la ville de Petuna dans la province de Kirin et enfin jusqu'à la ville même de Kirin, capitale de la province de ce nom.

§ 2. Tous les chemins de fer entrepris par la Russie dans les provinces chinoises de Hei-Loung-Kiang et Kirin seront construits aux seuls frais de la Russie; les règlements et la façon de construire lesdits, suivront le système russe avec lequel la Chine n'a rien à voir. Le contrôle sera entièrement dans les mains de la Russie pendant 30 ans. A la fin de cette période, la Chine sera autorisée à racheter le tout : matériel roulant, ateliers et constructions y attenant, après que leur valeur aura été convenablement estimée. Quant à la façon dont la Chine rachètera ces chemins de fer, à cette époque, elle sera laissée à une considération future.

§ 3. La Chine possède actuellement un chemin de fer qu'elle a l'intention de pousser de Shan-Haï-Kouâne jusqu'à Moukden, la capitale de la province du Feng-tien et de là à Kirin autre capitale de province. Si, par la suite, elle trouvait un inconvénient à construire cette voie, elle autorisera la Russie à fournir les fonds pour construire le chemin de fer de Kirin, pour le compte de la Chine, qui pourra le racheter au bout de 10 ans. Quant à la route à suivre pour cette voie, la Russie suivra les levés déjà faits par la Chine de Kirin à Moukden et Niéou-Tchouang, etc.

§ 4. Le chemin de fer à construire par la Chine commençant à Shan-Haï-Kouâne au Feng-tien, pour aller à Niéou-Tchouang, à Kaï-ping, à Kin-Tchéou, à Lou-Shoun-Kéou (Port-Arthur), à Ta-Liène-Ouâne et leurs dépendances, suivra les règlements des chemins de fer russes, afin de faciliter les relations commerciales entre les deux empires.

§ 5. Quant aux chemins de fer à construire par la Russie en territoire chinois, les routes qu'ils suivront seront protégées, comme d'usage, par les fonctionnaires du pays, tant civils que militaires. Ils fourniront, de plus, aux autorités russes, tant civiles que militaires, aux différentes stations ainsi qu'à tous les ouvriers et employés russes, tous aides et toutes facilités. — Étant donné que lesdits chemins de fer passeront, pour la plus grande partie de leur parcours, à travers un pays infertile et peu habité, dans lequel il sera difficile aux autorités chinoises d'être toujours à même de fournir la protection et l'aide nécessaires, la Russie pourra placer

des bataillons spéciaux de cavalerie et d'infanterie aux stations importantes, pour la meilleure défense de la propriété du chemin de fer.

§ 6. Pour ce qui concerne les droits de douane à lever sur les marchan-
dises importées ou exportées par lesdites voies ferrées, on suivra les
règlements élaborés pour le traité de commerce entre la Chine et la Russie,
ratifié le 20 février 1862 et réglementant le transit par terre entre les deux
empires.

§ 7. Il a toujours existé une loi défendant l'exploitation des mines des
provinces de Hei-Loung-Kiang, de Kirin et des monts Tchang-Pai (longue
montagne blanche). Après la ratification de ce traité, les Russes et les
Chinois auront la permission d'ouvrir et d'exploiter toute mine y men-
tionnée. Mais ils devront auparavant adresser une demande d'autorisation
aux autorités chinoises, qui, de leur côté, donneront les autorisations nécessaires (*Hou-Tchao*) suivant la jurisprudence en cours dans la Chine
propre.

§ 8. Ce paragraphe prévoit l'emploi d'instructeurs militaires russes pour
les troupes chinoises dans des conditions analogues à celles qui ont cours
dans les provinces des deux Kiang : (Kiang-Sou et Kiang-Nan) pour les
officiers instructeurs allemands.

§ 9. La Russie n'a jamais possédé en Asie un port libre de glaces en
hiver. Si donc il venait à se produire tout à coup dans ce continent des
opérations militaires, il serait naturellement difficile aux flottes russes de
manœuvrer librement et à volonté dans les mers orientales et dans le
Pacifique. La Chine, étant bien au courant de cette situation, ne demande
pas mieux que de louer à la Russie le port de Kiao-Tchéou au Chan-
Toung, pour une période de 15 ans. Au bout de ce temps, la Chine rachètera les casernes, magasins, ateliers, machines et docks qui y auront été
installés par la Russie pendant son occupation. Mais, s'il n'y a aucun
danger d'opérations militaires, la Russie n'entrera pas en possession immédiate dudit port, ni ne gardera les points importants le dominant, afin
d'éviter la chance d'exciter la jalousie et les soupçons des autres puissances. Pour ce qui concerne le montant du loyer et la façon de le payer,
ceci formera le sujet d'un protocole à établir à quelque date future.

§ 10. Comme les ports de Lou-Shoun-Kéou (Port-Arthur) et Ta-Liène-
Ouâne au Liao-Toung, ainsi que leurs dépendances, sont des points straté-
giques importants, la Chine aura charge de les fortifier au plus tôt, de
réparer leurs fortifications, etc., de façon à pourvoir contre tous dangers
futurs. En conséquence la Russie devra prêter toute l'assistance nécessaire pour aider la Chine à protéger ces deux ports et elle ne permettra à
aucune puissance étrangère de s'y installer. De son côté la Chine s'engage
à ne jamais les céder à une autre puissance ; mais si, dans l'avenir, les
exigences de la situation le demandent, et si la Russie se trouvait tout à
coup prise dans une guerre, la Chine consent à ce que la Russie concentre
momentanément ses forces de terre et de mer dans lesdits ports afin de
permettre à la Russie soit d'attaquer l'ennemi, soit de défendre ses pro-
pres positions.

§ 11. Si cependant il n'y a aucun danger pour les opérations militaires dans lesquelles la Russie est engagée, la Chine aura le contrôle entier de l'administration desdits ports de Lou-Shoun-Kéou et de Ta-Liène-Ouâne, et la Russie ne s'en mêlera en rien. Quant à ce qui concerne la construction des chemins de fer dans les trois provinces orientales, et l'ouverture et l'exploitation des mines dans ces provinces, on pourra y procéder immédiatement après la ratification de ce traité et à la volonté des puissances y concernées. Pour ce qui regarde les fonctionnaires tant civils que militaires ainsi que les marchands et commerçants russes voyageant dans toute partie des territoires ci-dessus mentionnés, où qu'ils aillent, on leur donnera tous les privilèges de protection et toutes facilités au pouvoir des autorités locales et ces autorités ne pourront mettre d'entraves sur le chemin ou arrêter les voyages des officiers et sujets russes ci-mentionnés.

§ 12. Lorsque cette convention aura reçu les signatures respectives de leurs majestés impériales les empereurs de Chine et de Russie, les articles y compris auront force immédiate et, à l'exception des clauses concernant Port-Arthur, Ta-Liène-Ouâne et Kiao-Tchéou, seront notifiés aux diverses autorités locales de ces deux empires.

§ 13. Le lieu et les ratifications sont laissés à une future décision, mais l'échange aura lieu d'ici six mois.

Cette convention, d'accord commun, a été rédigée en trois langues : chinois, russe et français. Le texte français est considéré, en cas de discussion future, comme étant la version correcte.

- Ce document parle de lui-même. Il explique les agissements de la Russie depuis sa signature ; aussi avons-nous tenu à le citer presque *in extenso*, d'autant plus qu'il est encore peu connu en France.

Forts de ce traité, les Russes ont aussitôt placé des Cosaques armés sur le parcours de la future ligne, et l'on voit maintenant à Kirin comme à Moukden le pavillon chinois porter, dans le coin supérieur droit, les couleurs de la Russie. Les navires de guerre chinois ne peuvent plus pénétrer à Port-Arthur que s'ils sont commandés par des officiers russes, et à Odessa on a répondu aux demandes d'information des marchands russes que leurs navires jouiront à Ta-Liène-Ouâne des franchises des ports russes. Les gardiens du phare de Lao-tieh-shan près Port-Arthur, qui appartenaient au service des douanes chinoises, ont été licenciés et remplacés par des Russes. De fait, c'est une prise de possession déguisée, répondant à celle de l'Allemagne à Kiao-Tchéou. La Russie, ayant atteint son but, abandonne pour un temps la Corée, de façon à rester dans de bons termes avec le Japon. On dit même qu'elle a conclu une sorte de traité d'alliance avec ce pays, dans la crainte de complications futures. Ayant Port-Arthur et Ta-Liène-Ouâne, elle abandonne, momentanément au moins, ses visées sur Port-Lazareff en Corée.

La ligne des chemins de fer projetés en Mandchourie, et subventionnés par l'emprunt de la Banque russo-chinoise (qui n'est, à proprement parler, qu'une branche du ministère des finances de Russie), le 8 septembre 1896, part de Nertchinsk en Sibérie, et descend en territoire chinois, en passant par Bedouné (Petuna) et Kirin, d'où elle se dirige à l'est vers Vladivostock viâ Omoso. De Kirin part l'embranchement allant au sud-ouest à Ta-Liène-Ouâne et Port-Arthur en traversant Moukden. Il laisse, à quelques milles à l'ouest, le port ouvert de Niéou-tchouang, dans le but évident d'attirer à Ta-Liène-Ouâne tous les produits de la Mandchourie au détriment de ce port chinois. Les Russes étudient encore en ce moment un embranchement amenant la ligne à un port nouveau (près Port-Adams) au fond du golfe de Liao-toung. En même temps la Chine projette l'extension jusqu'à Niéou-tchouang de sa ligne de Pékin-Tientsin-Shan-haï-kouâne, arrêtée en ce moment un peu plus loin à Chun-ho-so. Elle cherche à la relier aussi par Moukden au réseau des chemins de fer de Mandchourie. C'est un syndicat anglais formé par la " Hongkong and Shanghai Bank " qui en a la concession, mais la Russie s'y oppose, d'après les droits que lui confère la convention Cassini.

Un peu plus à l'est, une compagnie française a obtenu la concession du chemin de fer devant relier Wiju (Ouidjiou) sur la frontière de Corée à Séoul, sa capitale. Cette ligne doit être continuée jusqu'à Fousan, le port le plus méridional de la péninsule coréenne, par une compagnie japonaise. Le gouvernement coréen veut encore relier Séoul au port récemment ouvert de Mokpo, sur la côte sud ouest. Enfin un syndicat américain construit une voie ferrée entre Chemulpo, le port de la côte ouest et Séoul où l'on projette aussi des tramways électriques.

La Russie, d'après l'article VIII de la convention signée à Pékin le 21 mars 1898, par son ambassadeur M. Pavloff, se donne le droit, en se basant sur la procédure sanctionnée par la convention Cassini en 1896, de relier sa ligne de Sibérie avec Wiju, d'une part, et avec les chemins de fer du nord de la Chine à Shan-haï-kouâne d'autre part. Elle serait ainsi en communication avec les réseaux futurs chinois et coréens et aurait sous sa main Pékin et Séoul. C'est la crainte d'une main-mise sur l'empereur de Chine, déjà menacé par l'établissement de la Russie à Port-Arthur et en Mandchourie, qui a sans doute fait courir les bruits d'après lesquels le Fils du Ciel abandonnerait Pékin pour Si-ngan-fou ou Nankin. Dans ce dernier

endroit il serait sous l'influence des Anglais, qui ne sont probable-
ment pas étrangers à ces bruits.

On a beaucoup parlé depuis deux ans d'un gigantesque projet
consistant à relier les deux grandes capitales du nord et du sud,
Pékin et Canton, par un grand central chinois, passant par Han-kéou.
Les Chinois voulaient, comme toujours, exécuter eux-mêmes ce
grand travail, à la fois stratégique et commercial. Le fameux Chang-
chih-toung en fut chargé et il commença à le préparer en créant à Han-
yang, près Han-Kéou, des usines métallurgiques, qui devaient fournir
les rails, comme les mines de houille des provinces traversées,
Tché-li, Chan-si, Ho-nan, Hou-pé, etc., devaient fournir le combus-
tible. Malgré les promesses mêmes de l'Empereur, que les fonctionnaires chinois n'en seraient pas chargés, le peuple aux cheveux noirs
a une telle crainte des exactions de ses fonctionnaires qu'il ne veut
prêter son argent qu'à des syndicats dirigés par des étrangers. Or,
comme les mandarins voulaient justement exclure ceux-ci et leurs
capitaux, on ne put réunir en Chine les fonds nécessaires pour construire le *grand-trunk* chinois.

Après de nombreuses offres et de plus nombreux pourparlers, le
gouvernement impérial, se rendant compte de son impuissance, se
décida à traiter avec les étrangers tant redoutés. Instruits par
l'expérience, on écarta naturellement ceux dont on craignait le plus
les accaparements et l'on choisit un État européen n'ayant apparem-
ment aucunes visées ou intérêts de territoire en Chine. Grâce à
l'habileté du ministre de Belgique à Pékin, admirablement secondé
par son gouvernement, ce fut à un syndicat belge de nom qu'échut
le contrat pour la ligne à construire entre Pékin et Han-kéou et que
l'on désigne déjà sous le nom de ligne de *Lou-Han* par abréviation
de ses deux points extrêmes : Lou-ko-chiao près Pékin et Han-kéou
et qui mesure 1.300 kilomètres de longueur. La partie nord extrême,
de Lou-ko-chiao à Pao-ting-fou, étant déjà construite par la compagnie des chemins de fer chinois, partira de fait de ce dernier point,
qui est aussi la capitale du Tché-li. Nous avons dit que le syndicat
est belge de nom seulement, car, de fait, les fonds seront constitués
au moyen d'un emprunt d'État chinois fourni par la Banque
russo-chinoise qui est, comme on le sait, surtout franco-russe. Cet
emprunt serait, en tout, de 112 millions 1/2 de francs fournis par la
Belgique et la France par fractions et au fur et à mesure de l'avance-
ment des travaux, qui seront commencés en même temps par les
deux bouts. Le capital chinois devra être employé le premier ; l'in-

térêt sera de 5 %. La première mise de fonds sera de 40 millions de francs émis à 90 %. La cote de l'emprunt à la bourse de Paris sera assurée par le gouvernement français. Pour garantir la bonne exploitation et protéger la garantie donnée aux porteurs des titres de l'emprunt, et surtout pour éviter que le chemin de fer puisse être vendu ou donné en exploitation à des étrangers, le gouvernement concède, par contrat et tant que la totalité de l'emprunt n'aura pas été remboursée, l'exploitation de la ligne Han-kéou-Pékin et de ses embranchements à une société constituée à cet effet en Belgique et qui continuera ainsi l'œuvre de la société d'études belge, aujourd'hui dissoute. Ses administrateurs seront pour les deux tiers au moins Belges et Français ; un tiers pourra être Chinois. Le président sera alternativement, de même que le directeur, Belge et Français. Quant aux principaux employés, la moitié sera composée de Belges et Français, le reste pourra être formé de Chinois. Cette société exploitera le chemin de fer suivant un contrat à faire, au moment de la conclusion de l'emprunt, sur les bases de un tantième dans les produits nets de la ligne, déduction faite des frais généraux et autres dépenses d'exploitation. Les frais d'administration de la société seront compris dans ceux d'exploitation. En cas de conflit entre la société d'exploitation et la Direction du chemin de fer, ou avec le gouvernement chinois, on aura recours aux agents diplomatiques de la France et de la Belgique à Pékin, qui réunis agiront comme arbitres pour trancher ces questions. Le matériel nécessaire à la construction et à l'exploitation à commander en Europe, sera demandé de préférence aux usines belges et françaises. Le montant de ces commandes sera réparti, autant que possible, par parts égales entre les industriels belges et français.

Les Banques françaises prennent ferme les trois cinquièmes des 40 millions du premier emprunt et les Banques belges les deux cinquièmes. Le reste de l'emprunt est à option et sera appelé suivant les besoins. Pour assurer le succès des négociations, un cautionnement de un demi-million de francs a été déposé à la Banque russo-chinoise par les deux groupes et dans la même proportion que ci-dessus. Enfin, d'après le contrat signé à Pékin le 2 juin 1897, la ligne doit être achevée en 1903. Tels sont les renseignements que nous tenons de bonne source sur cette affaire.

L'Angleterre battue sur ce terrain ne s'est pas laissée décourager. Un syndicat anglais vient d'obtenir la concession (elle n'était cependant pas encore ratifiée le 23 juin dernier) d'une ligne déjà étudiée et qui doit relier Nan-king à Shang-haï, en passant par Chin-kiang et Fou-tchéou pour aller jusqu'à Ningpo *viâ* Hang-tchéou, qui sera aussi reliée au grand canal par une petite ligne de 10 milles commencée en 1897, reliant ainsi Shang-haï au grand-central.

Une Compagnie chinoise achève en ce moment la reconstruction de la petite ligne de 12 milles de longueur reliant Chang-haï à Wousung qui vient d'être déclaré port ouvert.

La Compagnie des chemins de fer chinois du nord relie aussi les mines de charbon situées à 15 milles à l'ouest de Pékin à la ligne du grand-central à Lou-ko-chiao.

La Banque russo-chinoise reliera les mines de charbon des environs de Tai-yuen-fou au grand central par un embranchement aboutissant près de Chin-ting.

Un syndicat anglo-italien continuera cette ligne de Tai-yuen-fou à Si-ngan-fou, capitale du Chen-si, afin de desservir les mines très importantes de houille et de fer dont il vient d'obtenir la concession dans les deux provinces du Chan-si et du Ho-nan septentrional. Les dernières situées à Tze-tchéou seront reliées au Fleuve Jaune par une voie ferrée.

Un syndicat anglais s'était proposé de relier Tientsin à Chin-kiang-sur le Yang-tze, par une ligne suivant le grand canal et desservant par suite la partie occidentale de la province du Chan-toung. Mais l'Allemagne qui, on le sait, considère cette province comme faisant partie de sa zone d'influence, depuis qu'elle a pris pied à Kiao-tchéou, s'y oppose, à cause de la concurrence que lui ferait cette voie ferrée, qui déplacerait forcément le mouvement commercial du Chan-toung sur Tien-tsin et Chin-kiang.

Or l'Allemagne a obtenu l'autorisation de créer au Chan-toung un réseau circulaire, contournant le massif central de cette province, pour desservir les importants charbonnages et mines de fer qu'elle a acquis le droit d'exploiter et dont elle amènera les produits à Kiao-tchéou d'une part à Tsi-nan-fou et sur le Fleuve Jaune tout près de cette ville d'autre part. On sait que l'Angleterre, en prenant possession de Weï-haï-wei au Chang-toung oriental, pour contrebalancer l'importance de la position de Port-Arthur, s'est spontanément engagée à ne pas relier Weï-haï-weï à Tché-fou et Tsi-nan-fou par la voie proposée dès 1872 par un commerçant anglais de Tché-fou, M. T. T. Fergusson, dans le but d'amener à ce port le commerce et les charbons du Chan-toung nord. On voit ainsi qu'elle ne veut pas faire de concurrence à l'Allemagne dans son hinterland de Kiao-tchéou.

Si nous passons maintenant dans le sud de la Chine, nous y trouvons les divers projets proposés par l'Angleterre et par la France en vue de s'assurer l'une et l'autre les riches produits des grands marchés du Yun-nan, du Kouang-si et du Kouang-toung sans parler du Koui-tchéou, que l'Angleterre refuse de reconnaître comme faisant partie de notre zone d'influence, parce que cette province n'est pas limitrophe du Tonkin.

Un traité récent, conclu avec l'empire chinois à la suite des prises de possession des Allemands et des Russes au nord, assure à la France la location de la baie de Kouane-tchéou-ouâne sur la côte est de la péninsule de Liène-tchéou en face l'île de Haï-nan. A la suite du meurtre du P. Mazel au Yun-nan, nous avions obtenu l'autorisation de pousser jusqu'à Yunnan-fou, la capitale de cette province, une voie de pénétration partant de Lao-kaï, terminus sur la frontière, de la ligne projetée depuis Ha-noï et la mer et devant suivre la vallée du Fleuve Rouge. Tout récemment, l'assassinat du P. Berthollet au Kouang-si a donné occasion à de nouvelles revendications de la part de notre ministre à Pékin, M. S. Pichon, et il a obtenu le droit pour la France de construire une ligne reliant le port ouvert de Pa-khoï à Nan-ning-fou sur la rivière de l'ouest de Canton (Si-Kiang).

On sait que l'Angleterre, inquiète de voir la Compagnie de Fives-Lille construire une voie ferrée entre Langson et Nan-ning-fou, avec prolongation éventuelle jusqu'à Pésé, limite de la navigation sur cette rivière, avait obtenu, l'an dernier, l'ouverture du Si-Kiang à la navigation. Elle espérait ainsi faire dériver sur Canton et Hong-kong le commerce du Kouang-si et du Kouang-toung menacé de prendre la route du Tonkin par la nouvelle voie. On ne paraît pas très satisfait, en France, de la concession Pakhoï-Nan-ning, qui fera une concurrence évidente à la ligne en construction de Langson à Nan-ning et qu'on se propose de pousser à l'est jusqu'à la grande ville de Ou-tcheou-fou sur la rivière de l'ouest. Il est probable que l'intelligent ministre de France à Pékin ne la demande que pour empêcher sa construction par l'Anglerre ou la Chine, qui se rendent compte, évidemment, que, malgré l'ouverture du Si-Kiang à la navigation étrangère, il y aurait, pour le commerce, une économie considérable de temps et de frais de transport à amener les produits des provinces du Kouang-si et du Kouang-toung occidental plutôt à Pa-khoi, par une courte voie ferrée, qu'à Canton par les longs et dangereux détours de la rivière où l'on a déjà eu à déplorer la perte d'un vapeur sur les récifs. Nous estimons donc que tant que la France possédera cette concession, la ligne de Pak-hoï-Nan-ning ne sera pas construite.

Nous mentionnerons encore pour mémoire le projet français de relier le Tonkin au bassin du Yang-tze-Kiang, en prolongeant la ligne de Lao-kai à Yun-nan-fou jusqu'à Tcheng-tou-fou, capitale du Sze-tchouen, la plus riche province de Chine et traversant le cours supérieur du Fleuve Bleu à Su-tchéou-fou. Comme il s'agit ici de pénétrer dans le domaine que se réserve l'Angleterre, il est plus que probable que l'on rencontrera des difficultés exceptionnelles pour la mise en œuvre de ce projet. Nous aurions évidemment moins de peine, et sans doute plus de profit, à attirer au Tonkin les produits du Yun-nan oriental, en poussant jusqu'au grand marché des thés à Pou-eul, par Sze-mao, la ligne projetée entre cette dernière ville et Ha-noï *viâ* Luang-Prabang, ou mieux encore en reliant Sze-mao à Lao-kai, sur la ligne de la vallée du Fleuve Rouge.

S'il faut en croire les journaux anglais, notre puissante voisine renoncerait pour le moment à construire la ligne dont on a tant parlé il y a quelques années, et qui doit relier la Birmanie et la Chine, en prolongeant jusqu'à Yun-nan-fou et faisant passer par Tali-fou la voie ferrée qui part de Rangoun, passe à Mandalay et se termine actuellement à Kunlong Ferry sur la Salouen. Comme le dit fort bien le *London and China Telegraph* du 20 juin, ce serait un projet gigantesque, qui comporterait l'établissement de plusieurs tunnels au moins aussi longs que celui du Mont Cenis et de nombreux ponts pour le moins aussi importants que celui du Menai en Angleterre. A présent, dit le journal anglais, le meilleur chemin dans la haute vallée du Yang-tze est par ce fleuve lui-même, et si l'on y établit des chemins de fer, ils doivent servir de canaux nourriciers au fleuve ou seulement permettre de relier les endroits où la navigation est impraticable.

A.-A. FAUVEL,

ancien officier des douanes chinoises.

PARIS. — IMPRIMERIE F. LEVÉ, RUE CASSETTE, 17.

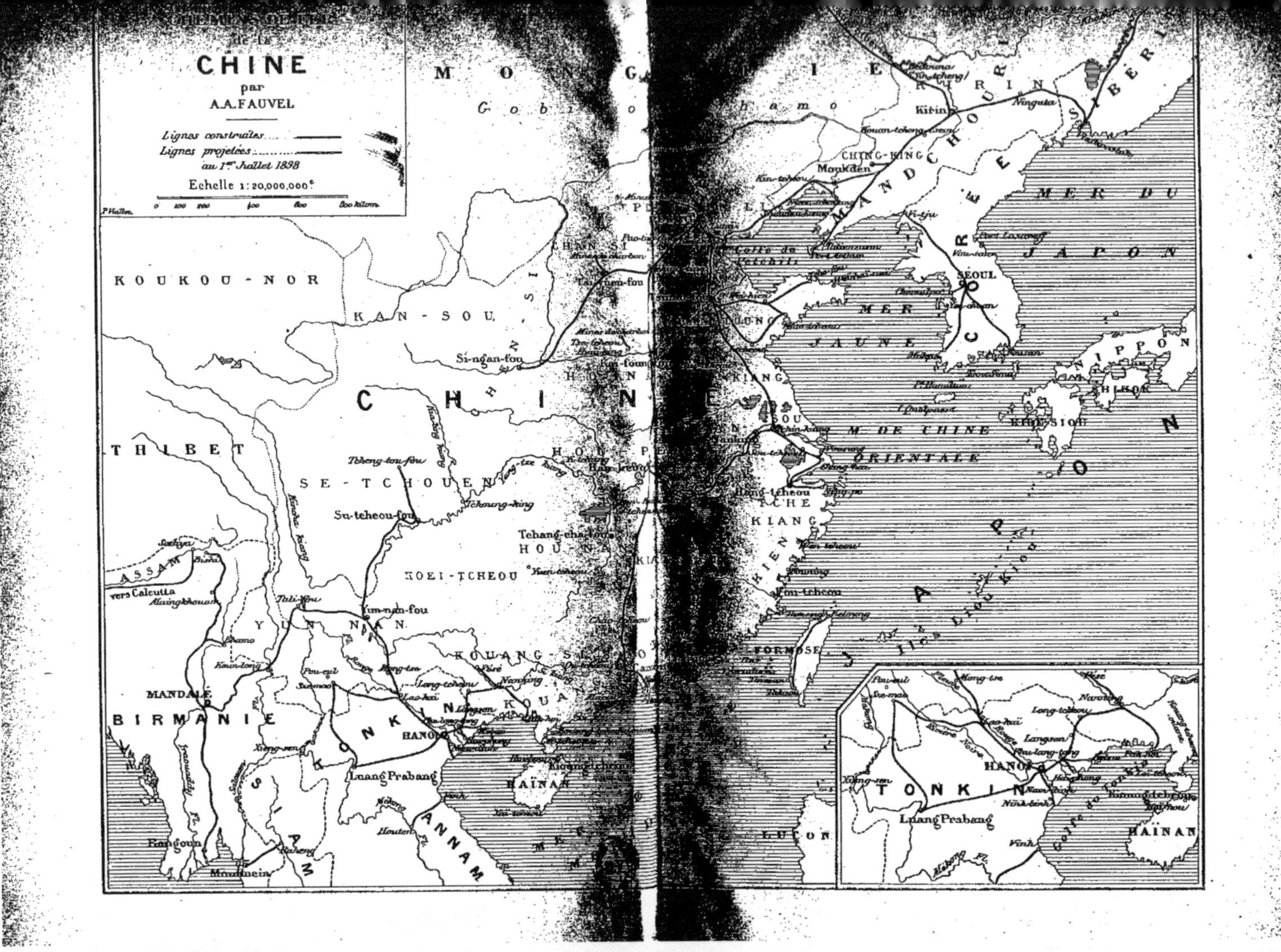
THEME SOCIALE
de la
CHINE
par
A.A.FAUVEL
Lignes construites
Lignes projetées
au 1er Juillet 1898
Echelle 1:20,000,000.e
0 100 200 400 600 800 kilom.
MONGOLIE
Gobi
Chamo
SIBÉRI
MANDCHOURIE
KIRIN
Kirin
Ninguta
Moukden
CHING-KING
Kin-tcheou
CORÉE
MER DU JAPON
Port Lazareff
Wi-ju
Vou-tsiou
SÉOUL
Chemulpo
Gong-san
MER JAUNE
Ning-po
NIPPON
M. DE CHINE ORIENTALE
KIE-SIOU
KOUKOU-NOR
KAN-SOU
CHEN-SI
Tai-ouen-fou
Si-ngan-fou
HO-NAN
THIBET
CHINE
SE-TCHOUEN
Tcheng-tou-fou
Yang-tze-kiang
Su-tcheou-fou
Tchoung-king
HOU-PE
Han-keou
HOU-NAN
Tchang-cha-fou
KOEI-TCHEOU
Kouei-yang
KIANG-SOU
Tchin-kiang
TCHE-KIANG
Hang-tcheou
FOU-KIEN
Wen-tcheou
Fou-tcheou
FORMOSE
OCÉAN PACIFIQUE
ASSAM
vers Calcutta
Mainghhouan
YUN-NAN
Yun-nan-fou
Tali-fou
Bhamo
Kien-long
Pou-eul
Mong-tze
KOUANG-SI
Nanning
Canton
KOUANG-TONG
MANDALE
BIRMANIE
SIAM
Rangoun
Raheng
Moulmein
TONKIN
HANOI
Luang Prabang
ANNAM
HAINAN
Les Iles Liou-Kiou
LUÇON
TONKIN
HANOI
Mong-tze
Long-tcheou
Langson
Luang Prabang
Vinh
HAINAN

389